DU

RÉTABLISSEMENT DU DIVORCE.

Prix : 25 centimes.

PARIS,

SE VEND AU

BUREAU DES ACTES OFFICIELS DU GOUVERNEMENT PROVISOIRE,

RUE PAVÉE SAINT-ANDRÉ-DES-ARTS, 7,

1848.

Imprimerie de RAYNAL, à Rambouillet.

RÉTABLISSEMENT DU DIVORCE.

Un modeste curé des environs de Compiègne imagina le premier de tenir note des mariages qu'il célébrait, des morts qu'il enterrait et des enfants qu'il baptisait dans son humble paroisse. Telle fut l'origine de l'état civil, dont l'usage aujourd'hui partout répandu, ne remonte pas à cinq siècles. Le curé fondateur eut bientôt des imitateurs parmi ses voisins; mais comme aucun usage, quelque bon qu'il soit, ne peut s'établir sans opposition, le curé eut aussi de nombreux détracteurs, de sorte que la controverse au sujet de ses registres s'étant répandue dans une grande partie du royaume, l'affaire alla en cour de Rome. Le pape qui occupait alors le Saint-Siége, ne se borna pas à autoriser l'enregistrement des mariages, des naissances et des décès, il en prescrivit l'usage dans tous les domaines de la chrétienté. Il fallut cependant bien des années et l'intervention de l'autorité royale avant que cette coutume fût généralement adoptée.

L'Église se trouva donc tout naturellement en possession de la tenue des registres de l'état civil, à mesure qu'il s'établit tant en France que dans les pays étrangers. C'était justice, puisque la fondation en appartenait à l'Église; il n'y aurait pas eu d'ailleurs une seule raison plausible à faire valoir pour qu'il en fût autrement, à une époque où l'État lui-même était dans l'Église, par une conséquence forcée du principe de droit divin et de l'unité religieuse.

Faisons observer en passant que l'institution de l'état civil était une institution toute populaire; par elle, chaque famille eut ses archives, ce qui n'existait antérieurement que comme autant de priviléges particuliers en faveur des grands vassaux et des nobles. Par la suite, les enfants des rois furent inscrits comme les enfants des pauvres sur le registre de leur paroisse. Il en fut de même à l'égard des mariages, la seule branche de l'état civil qui doive nous occuper, puisque seule elle est en rapport direct avec la question que nous essayons de traiter, en dehors de toute préoccupation contraire aux droits sacrés des ministres de la religion.

Dès les premiers temps qui suivirent l'établissement du christianisme, on adopta pour maxime : Il faut rendre à Dieu ce qui appartient à Dieu, et à César ce qui appartient à César. Cette maxime, plus souvent invoquée que mise en pratique, avait pour but de tracer une ligne de démarcation qui séparât les droits et les intérêts spirituels des droits et des intérêts temporels, les choses du ciel des choses de la terre. Il vaut toujours mieux prévenir des conflits que d'avoir à apaiser des querelles.

Il ne put pas y avoir de conflits touchant le mariage, tant que la possession de l'état civil resta incontestée entre les mains du clergé, parce que alors la conclusion du contrat humain et la consécration religieuse ne faisaient qu'un, malgré l'incommensurable distance qui sépare le caractère de l'acte civil de celui du sacrement divin.

La confusion des choses laïques avec les choses ecclésiastiques a été si souvent la cause des dissensions et des guerres qui ont affligé les peuples et l'Église elle-même, que, désespérant de parvenir à en opérer la séparation, une école de philosophie s'est élevée, qui, pour mettre les deux parties d'accord, n'a rien trouvé de mieux à faire que d'en supprimer une ; d'où il résulta que l'impiété avouée irrita les fureurs du fanatisme.

Cependant, aucun changement notable n'était survenu dans les usages qui présidaient à la consécration du mariage quand éclata notre première révolution, quand furent enfin reconnus et proclamés les droits de l'homme et du citoyen. Ce fut, en théorie, un immense bienfait pour l'humanité tout entière, mais l'application du principe ne répondit pas à la pureté de sa conception ; le ciel fut exilé de la terre, de sorte que tous les cultes étant abolis, l'acte de mariage ne fut plus qu'un acte purement civil. Dans cet état de choses, le lien religieux étant complétement supprimé, il n'y avait aucune raison pour que le divorce ne fût pas admis dans la législation. Il le fut avec d'autant plus de facilité que le divorce avait existé à Rome, et l'on ne peut pas avoir oublié jusqu'à quel point notre première république aspirait en tout et pour tout à se modeler sur la république romaine.

En beaucoup de choses, les souvenirs de notre première république seraient de nature à fortifier les préventions que pourraient faire naître aujourd'hui des institutions analogues à celles qui furent déconsidérées alors par d'incroyables débordements. Quand nous nous rappelons qu'à cette époque, à laquelle la nôtre ne doit ressembler que par une similitude de désignation, l'abus du divorce, la facilité qui lui fut offerte sous le moindre prétexte, furent poussés jusqu'aux extrêmes limites du scandale, nous comprenons tout ce que la seule énonciation du mot divorce doit faire naître de répugnances et de répulsions instinctives; cependant, comme nous n'avons jamais vu que l'on proscrivît l'eau et le feu à cause des inondations, à cause des incendies, nous pensons que, dans aucun cas, même en matière de divorce, l'usage restreint dans de sages limites, ne doit être solidaire des inconvénients qui résultent des abus de cet usage portés à l'excès.

Sous la Convention et même sous le Directoire, alors qu'il était loisible à deux époux de faire prononcer la dissolution de leur mariage sur une simple déclaration d'incompatibilité d'humeur et de caractère, le lien conjugal n'avait plus rien de grave et de sérieux; la morale en était exclue non moins que le sentiment religieux; pour tout dire en un mot, le mariage n'était plus qu'un concubinage à terme conditionnel et que la protection de la loi rendait encore plus scandaleux.

A ce propos, nous nous rappelons une circonstance de divorce qui ne sera pas déplacée ici, et qui servira à prouver que, au moins dans une circonstance, la facilité avec laquelle on divorçait servit à réparer le mal que le divorce avait fait.

Un membre de la Convention Nationale, au nom duquel s'attachait une immense célébrité dans les arts, divorça d'avec sa bonne et vieille femme, mère de ses quatre enfants. Quand le divorce fut prononcé, il se hâta d'épouser en secondes noces une jeune et jolie personne, mais d'un caractère évaporé et ardente à tous les plaisirs.

Un an ne s'était pas écoulé quand l'homme dont nous parlons fut atteint d'une grave maladie qui le conduisit aux portes du tombeau et le retint pendant plus d'un mois sur son lit de douleur. Il était dans un état tellement désespéré, qu'il avait presque entièrement perdu l'usage de ses sens et ne reconnaissait personne. Durant ce temps-là, sa jeune femme ne se faisait point faute de fréquenter les bals, les spectacles, les jardins publics, si fort à la mode alors, en la compagnie d'élégants adorateurs.

La première fois que le malade rouvrit les yeux et recouvra la force de parler, il promena ses regards autour de lui et demanda où était sa femme. On lui répondit qu'elle était sortie. Il ne vit au chevet de son lit qu'une garde-malade qui fondait en larmes, mais qu'il ne reconnut pas, celle-ci ayant la figure à moitié cachée par un voile. C'était sa première femme, qui, n'étant pas connue de la seconde, avait pu sans difficulté se faire admettre dans la maison en qualité de simple garde-malade. Elle avait donc soigné son mari pendant sa maladie avec autant de dévouement qu'elle aurait pu le faire avant le divorce. Quand il fut tout à fait guéri, le malade touché comme il devait l'être d'une pareille preuve d'affection, et ayant d'ailleurs appris par ses amis à quel genre de consolations s'était livrée sa seconde femme pendant que sa première lui prodiguait ses soins, il invoqua de nouveau la loi du divorce qui, en cette occasion, eut exactement la vertu que les poëtes ont attribuée à la lance d'Achille ; elle guérit le mal qu'elle avait fait.

Pendant la révolution, le divorce atteignit souvent un but opposé à celui que sans doute avait en vue la législation qui l'avait institué. Combien de femmes d'émigrés ne s'en sont-elles pas fait une sauvegarde en l'absence de leur mari, afin de conserver à leurs enfants la portion de fortune qui leur était propre !

Quoi qu'il en soit, laissons de côté toute idée de divorce tel qu'il exista à l'époque dont nous avons dû évoquer le souvenir ; et, avant d'arriver à une conclusion, voyons, avec toute la rapidité qui nous est imposée, quelles phases le divorce a subies en France depuis le 18 brumaire jusqu'en 1814, époque à laquelle il disparut totalement de nos codes.

A la suite du concordat de 1804, les églises ayant été rendues au culte, le clergé catholique put reprendre légalement l'exercice de ses fonctions sacerdotales ; la tenue des registres de l'état civil ne fut toutefois pas rendue au clergé. C'eût été incompatible avec la liberté des cultes, ou bien il aurait fallu que chacun des rites religieux eût son état civil particulier, ce qui aurait produit une monstrueuse confusion. L'acte civil, en fait de mariage, dut donc avoir lieu uniformément pour tous les citoyens français, à la mairie de leur commune. Cet acte seul fut obligatoire, seul, il constitua la légitimité du mariage et la légitimité des enfants à en provenir. L'acte religieux resta facultatif ; ce fut un cas de conscience en dehors de la question du droit civil.

La Restauration, malgré ses tendances envers le clergé, et quoiqu'elle fût parvenue à rompre l'égalité qui existait entre tous les cultes, en faisant reconnaître la religion catholique religion de l'État, la Restauration, disons-nous, n'osa pas ou ne put pas réunir ce que la révolution, dès ses commencements, avait séparé, l'acte civil et l'acte religieux, en restituant l'état civil au clergé catholique. Ce ne fut pas la bonne volonté qui lui manqua.

Après la révolution de juillet, les choses restèrent telles qu'elles étaient sous la Restauration, avec cette notable différence, toutefois, que la religion catholique rentra nominativement dans le droit commun à tous les cultes, et ne fut plus la religion dominante que de fait.

Nous verrons bientôt quelle était la loi du divorce sous l'Empire.

Nous avons dit que cette loi, mais seulement après de longs et de vifs débats, disparut de nos codes sous la Restauration ; quant à la révolution de juillet, comme elle n'eut pas même pour résultat un changement de famille, mais seulement un changement de personnes, ce fut tout au plus si, à sa suite, quelques voix timides osèrent se faire entendre en faveur du rétablissement du divorce ; il y eut bien quelques rares pétitions adressées aux chambres à ce sujet, mais ces pétitions, mal accueillies, furent immédiatement repoussées par l'ordre du jour; et nous ne pouvons nous dissimuler qu'il existe en France une prévention presque générale contre le divorce, ce qui ne nous empêche pas de penser que son interdiction complète présente une lacune dans la loi civile, quand la nation ne reconnaît pas d'autre souveraineté que la souveraineté du peuple.

Avec la souveraineté du peuple, en effet, le peuple n'est-il pas le représentant de César, et ne faut-il pas lui rendre ce qui lui appartient, c'est-à-dire un droit de législation illimité.

Nous ne disons rien ici qui puisse offusquer aucune croyance religieuse, seulement dans un homme, s'il est chrétien, nous voyons deux êtres parfaitement distincts l'un de l'autre : le citoyen et le chrétien. Dans aucune circonstance, selon nous, la loi civile n'a rien à avoir dans la conscience du chrétien ; par la même raison, la loi de l'Église ne doit avoir aucune influence sur l'exercice des droits civils ou politiques du citoyen. Donc, que dans des cas déterminés, la loi civile autorise l'homme et la femme, considérés comme citoyens, à implorer le bénéfice du divorce pour rompre une union infernale, nous ne voyons pas comment elle aurait le droit de le leur refuser. Que si, ensuite, le prêtre refuse de délier sur la terre ce que, selon sa conscience, il a lié dans le ciel, anathème! dirons-nous, sur quiconque osera lui en contester le droit.

Nous raisonnons ici dans le sens où agit Pie IX à Rome. Séparant en sa personne le souverain pontife du souverain temporel des États de l'Église ; ce grand réformateur donne au peuple romain une constitution politique et civile sans toucher en rien aux droits spirituels du Saint-Siége : la seule différence est que nous réclamons la même séparation de droits et de devoirs en faveur de chaque individu, soit qu'il se livre au libre arbitre du citoyen, soit que sa conscience l'enchaîne aux prescriptions de sa religion.

La loi relative au divorce, qui réglementa la matière pendant toute la durée de l'Empire, date du Consulat. La proposition en fut faite par le gouvernement, le 18 ventose an XI; communiquée le lendemain au Tribunat, elle fut convertie en

décret le 3o du même mois par le Corps Législatif et promulguée le même jour par Bonaparte, premier consul, au nom
du peuple français. Le conseiller d'État Treilhard avait été
chargé de l'exposé des motifs.

Avant d'être envoyé au Corps Législatif et au Tribunat, le
projet de loi relatif au divorce avait été, au sein du conseil
d'État, l'objet de longues et lumineuses discussions. On peut
dire que le pour et le contre y furent également approfondis.
Le second consul, Cambacérès, et les conseillers d'État Gal-
melet et Thibaudeau, furent les orateurs qui parlèrent dans
le sens de la plus grande latitude possible à donner au divorce.
Le premier consul ne prit jamais à aucune discussion une part
aussi grande et aussi vive qu'il le fit en cette circonstance.

Il y avait cela de remarquable que, quelle que fût la pro-
pension de Bonaparte, et plus tard de Napoléon, à dominer,
il laissait toujours son despotisme à la porte avant d'entrer
au conseil d'État, et ne contraignait jamais en rien la libre
manifestation de l'opinion des membres du conseil, alors
même que cette opinion était le plus opposée à la sienne.
Ainsi par exemple dans la discussion dont nous parlons,
plusieurs articles de la loi furent adoptés contrairement à son
avis, et il contribua à introduire, dans quelques autres, des
restrictions et des difficultés, non pas qu'il contestât ni qu'il
combattît précisément le principe de la loi, mais comme il
voulait, avant toutes choses, que dans son gouvernement
tout fût moral et honnête, il s'effrayait au souvenir du divorce tel qu'il l'avait vu si souvent pratiqué au milieu des
saturnales du Directoire. Ajoutons que, s'étant placé sur une
pente rétrograde, il n'accueillait qu'avec méfiance les lois
de la révolution.

Ce fut dans l'une de ces discussions qu'il fit entendre, sur
la théorie du mariage, les paroles énergiques que l'on recueil-
lit alors, et qui furent promptement connues dans Paris,
quoique les séances du conseil fussent secrètes. « Il y a
» mariage, s'écria-t-il, toutes les fois qu'il y a eu échange
» de sang et de sueur entre un homme et une femme. »

Une des raisons qui rendaient le premier consul le plus opposé à la loi du divorce, c'était la position plus que douteuse

dans laquelle se trouveraient dans le monde les enfants appartenant à des époux divorcés. « Ces pauvres enfants, disait-il, n'ont pas demandé à venir au monde, donc le père et la mère sont obligés envers eux. Si vous mettez les enfants dans la nécessité de se faire juges entre leur père et leur mère, que devient le respect dû à l'autorité paternelle? n'allez-vous pas porter atteinte aux liens sacrés de la famille? »

A ces raisons et à beaucoup d'autres, aussi chaleureusement exprimées que si le premier consul eût plaidé contre le divorce, les conseillers qui en défendaient la cause objectèrent que la loi prévoyait toutes les éventualités, et que d'ailleurs l'application en serait nécessairement restreinte par l'exigence de ses formalités. Bonaparte céda, n'ayant pas pour lui la majorité du conseil, et la loi fut promulguée.

La loi relative au divorce, telle qu'elle fut insérée au *Bulletin des Lois*, est divisée en cinq chapitres subdivisés en quatre-vingt-deux articles.

Les titres des cinq chapitres sont : 1° Des causes du divorce ; 2° Du divorce pour cause déterminée ; 3° Du divorce par consentement mutuel; 4° Des effets du divorce ; et 5° De la séparation de corps.

Le second chapitre : Du divorce pour cause déterminée, se divise en trois sections, où le législateur traite : 1° des formes du divorce pour cause déterminée; 2° des mesures provisoires auxquelles peut donner lieu la demande en divorce pour cause déterminée; et 3° des fins de non-recevoir contre l'action en divorce pour cause déterminée.

Tel est, si nous pouvons ainsi dire, le squelette de la loi du 30 ventose an XI, relative au divorce, la seule qui pourrait aujourd'hui servir de point de départ pour arriver à une nouvelle loi sur le rétablissement du divorce, et dont, par ce motif, nous allons faire connaître les principales dispositions, en nous attachant moins à la lettre qu'à l'esprit de la loi.

Le mari et la femme peuvent également demander le divorce pour cause d'adultère, mais la cause d'adultère ne peut être invoquée contre le mari que si celui-ci a tenu sa concubine dans la maison commune. Les époux peuvent réciproquement demander le divorce pour excès, sévices ou injures graves de l'un d'eux envers l'autre. La condamnation de l'un des deux époux à une peine infamante est une cause de divorce. Le consentement mutuel est aussi admis au nombre des causes du divorce, mais seulement dans des conditions qui le rendent presque illusoire, comme nous le dirons plus tard, sans blâmer ni approuver l'excessive prudence du législateur. Que l'on ne puisse pas se faire un jeu du divorce, rien de mieux ; mais pourquoi, dans les cas où l'application de la loi est reconnue légitime, pourquoi la hérisser de formalités, de difficultés qui la rendent inabordable ? Pourquoi surtout la charger de circonstances coûteuses, de frais qui lui donnent le caractère le plus odieux que puisse avoir une loi, et que l'on rencontre à chaque pas dans notre législation ? Ce caractère odieux résulte de l'inégalité de la loi ; or, toute loi n'est-elle pas inégale de fait quand le bénéfice en est inaccessible aux pauvres ? Ce n'est plus alors qu'une loi dérisoire, une loi de Tentale. La coutume barbare du peuple anglais de vendre sa femme au marché, la corde au cou comme une bête de somme, n'est pas autre chose qu'une formule de divorce sans frais, et puisque l'on délivre gratuitement à la mairie l'acte civil du mariage, pourquoi, de la même manière, ne délivrerait-on pas gratuitement les actes nécessaires à constater la dissolution du mariage dans les cas admis par la loi ? Autrement le divorce ne serait-il pas un privilége exclusivement réservé aux riches ?

Reprenons cependant le rapide examen que nous avons commencé, sans nous arrêter au chapitre second, où le législateur a déployé un luxe de formes qui obstrue tellement les abords de la loi, qu'elle s'y trouve retranchée comme dans une forteresse inexpugnable.

Parmi les restrictions apportées à la prononciation du divorce, pour cause de consentement mutuel, il en est plusieurs qui nous paraissent parfaitement fondées ; comme nous l'avons dit précédemment, le divorce ne doit jamais être un jeu ; encore bien moins doit-il favoriser le libertinage, puisque son but essentiel est un but moral, capable de mettre un terme aux débordements d'immoralité qui résultent presque toujours des unions conjugales devenues impossibles. Ainsi, et ce nous semble avec grande raison, le consentement mutuel des époux n'est point admis, si le mari a moins de vingt-cinq ans, ou si la femme est mineure de vingt-et-un ans. Il ne sera admis non plus qu'après deux ans de mariage. A cet âge, en effet, et quand deux jeunes époux ont à peine eu le temps de se connaître, qu'est-ce le plus souvent que la mutualité de leur consentement, sinon une de ces brouilles de comédie, que suit toujours un prompt raccommodement.

On ne peut qu'approuver non plus, mais par une raison contraire, l'article de la loi qui n'admet point le consentement mutuel après vingt ans de mariage, et lorsque la femme a atteint l'âge de quarante-cinq ans. La sagesse de cette disposition, après un si long temps de vie commune ou quand l'âge de la femme ne laisserait plus au mari que des prétextes sensuels, est trop évidente, pour qu'il soit nécessaire de s'y arrêter. Mais nous trouvons une sévérité au moins trop étendue dans l'article qui dit que, *dans aucun cas,* le consentement mutuel des époux ne suffira, s'il n'est autorisé par leurs père et mère ou par leurs autres ascendants vivants, suivant les règles prescrites pour le mariage. Quiconque a vu le monde, quiconque a été à même d'étudier la société aux divers étages dont elle se composait et dont elle se composera toujours, malgré le grand principe d'égalité, a dû remarquer que les parents n'étaient pas toujours étrangers aux causes qui produisent les mauvais ménages et les dissensions conjugales poussées à l'extrême. Le principe peut être bon dans sa presque généralité, mais il devient détestable si l'entrée en est murée à toutes les exceptions. *Dans aucun cas* est une expression inadmissible en tout ce qui touche aux misères de l'humanité.

Aux termes de la loi dont nous parlons, les époux qui divorceront pour quelque cause que ce soit, ne pourront plus se réunir, ce qui est fermer la porte au repentir. Dans le cas de divorce prononcé pour cause déterminée, la femme divorcée ne pourra se remarier que dix mois après le divorce prononcé. Si le divorce est admis par suite de consentement mutuel, aucun des deux époux ne pourra contracter un nouveau mariage que trois ans après la prononciation du divorce.

Cette dernière clause est en même temps un appel fait au concubinage et un moyen de nuire à l'augmentation de la population. Il nous semble que toutes ces stipulations et tant d'autres qu'il serait trop long d'énumérer pourraient être singulièrement simplifiées : ne suffirait-il pas par exemple que la loi assimilât le divorce au veuvage, de telle façon que, en vertu de cette seule déclaration, l'homme et la femme divorcés retomberaient sous l'empire des lois relatives aux veufs et aux veuves. Le divorce en effet n'est pas autre chose que la mort civile sous le rapport du mariage.

Dans le cas de divorce admis en justice pour cause d'adultère, l'époux coupable ne pourra jamais se marier avec son complice. La femme adultère sera condamnée par le même jugement, et sur la réquisition du ministère public, à la réclusion dans une maison de correction, pour un temps déterminé, qui ne pourra être moindre de trois mois ni excéder deux années. Pourquoi cette inégalité dans la pénalité quand les délits sont pareils, les outrages réciproques, lorsque déjà l'homme ne peut être poursuivi pour adultère que si l'adultère a lieu au domicile conjugal? s'il y a là une apparence de justice provenant de la différence que peut avoir l'adultère chez l'homme et chez la femme, au moins n'y a-t-il pas une stricte équité.

Afin de bien mettre en lumière l'urgente nécessité de rétablir le divorce, il nous aurait fallu pénétrer dans l'intérieur de quelques familles et tracer l'effrayante peinture de ces lieux habités par le malheur sans espoir. Les bornes du cadre dans lequel nous devons nous renfermer ne nous l'ont pas permis ; cependant nous terminerons nos observations générales par une supposition. Et plût à Dieu que ce ne fût qu'une supposition.

Après quinze ou seize ans de mariage, une femme séparée de biens possède un établissement qu'elle doit à son mari. Celui-ci l'a retirée de la misère et n'a plus rien. Circonvenue par des intrigants, la femme se livre à leurs perfides conseils, sans souci de l'avenir de ses enfants. Pour se débarrasser de son mari, que fait-elle? Elle le provoque, elle le harcelle, s'applique à l'irriter incessamment, le traite de lâche précisément parce que, dans l'intérêt de ses enfants, il s'est armé d'une patience longanime. Enfin elle le défie devant des témoins à elle de lui donner une correction qu'elle a l'air de solliciter. C'est une cause de séparation de corps qu'elle se ménage pour l'avenir. Qu'une seule fois, poussé dans ses derniers retranchements, le mari succombe à un mouvement de vivacité, et voilà la femme triomphante! C'est à son profit que la séparation de corps sera prononcée, et comme la séparation de biens existe, comme l'établissement est au nom de la femme, le mari évincé sera sans asile, peut-être sans ressources. Ce n'est pas tout. Les préventions seront contre lui, la calomnie le poursuivra; et si, après avoir été chaste, vertueuse tant qu'a duré sa jeunesse, la femme dans la maturité de l'âge se livre au débordement de ses passions, que dira-t-on? On dira: « La pauvre femme! elle est plus à plaindre qu'à blâmer... C'est la faute de son mari... Pourquoi l'a-t-il abandonnée! »

Certes, en pareil cas, et ce cas est beaucoup moins rare qu'on ne pourrait le croire, le divorce serait le légitime correctif d'une union abominable. S'il eût existé une loi du divorce, qui sait si l'an passé le monde eût été effrayé par la catastrophe tragique qui mit fin aux jours du duc et de la duchesse de Praslin !

De tout ce qui précède, il faut conclure que la loi relative au divorce du 30 ventose an XI est entièrement à refaire, mais qu'il faut une loi qui rétablisse le divorce en le rendant également accessible aux pauvres et aux riches, sans quoi il y aurait une lacune dans la législation d'un peuple libre et souverain. Espérons donc que l'assemblée nationale jugera nécessaire de s'en occuper dès sa première session.